NOTICE

DES OUVRAGES,

TANT IMPRIMÉS QUE MANUSCRITS,

DE GABRIEL P*****.

NOTICE

DES OUVRAGES

DE BIBLIOLOGIE, D'HISTOIRE, DE PHILOLOGIE, D'ANTIQUITÉS ET DE LITTÉRATURE,

TANT IMPRIMÉS QUE MANUSCRITS,

DE GABRIEL P******. *(Peignot)*

—

OPUSCULUM,

AMICORUM GRATIÂ TANTÙM,

AMICI PRELO SUBJECTUM.

A PARIS,

DE L'IMPRIMERIE DE CRAPELET,

RUE DE VAUGIRARD, N° 9.

MDCCCXXX.

Cette Notice n'étant destinée qu'à des amis et à quelques correspondans, qui, depuis long-temps me l'ont plusieurs fois demandée avec instance, j'en fais tirer quelques exemplaires pour eux seuls. C'est un simple catalogue où l'on trouvera l'indication bibliographique des essais, recherches et travaux littéraires qui, depuis quarante ans, ont été pour moi un délassement agréable au milieu de fonctions publiques, parfois assez pénibles, que j'ai toujours tâché de remplir avec exactitude.

Deux parties composent cet opuscule : l'une appartient aux livres imprimés, et l'autre comprend les manuscrits.

Comme on m'a attribué divers ouvrages qui me sont étrangers, et que les réclamations que j'ai faites dans le temps n'ont pas produit tout l'effet que j'étais en droit d'en attendre, je donne ici, dans la première partie, la liste exacte de tout ce que j'ai publié, sans même y omettre les opuscules les plus insignifians ; et je déclare hautement que je désavoue tout ce qui n'est pas porté sur cette liste, à part cependant les articles biographiques que j'ai fournis à la neuvième édition du *Dictionnaire historique* de MM. Chaudon et Delandine, et à la *Biographie universelle* de MM. Michaud. Je les mentionne ici, parce que j'ai oublié d'en parler dans ma Notice, ainsi que de la *Table littéraire chronologique* (206 *pag. gr. in*-8.) qui termine le *Dictionnaire historique* précité. Cette table a été imprimée loin de moi, avec trop de précipitation ; il s'y est glissé des fautes essentielles qui me l'ont rendue presque méconnaissable.

Quant aux manuscrits, qui composent la seconde partie de ma notice, je ne me suis déterminé à en donner la liste, que dans l'espoir qu'elle pourra être utile à mes amis, à mes correspondans, ou à d'autres personnes qui, s'occupant de littérature, pourraient avoir besoin de quelques uns des renseignemens en tous genres que j'ai recueillis. Je les mets entièrement à leur disposition, et je me ferai toujours un vrai plaisir de les leur communiquer et de leur épargner des recherches, qui parfois sont longues et pénibles, comme je ne l'ai que trop souvent éprouvé. Personne n'est plus pénétré que moi de ce beau précepte de notre Fabuliste :

Il se faut entr'aider, c'est la loi de nature.

Les héros du bonhomme, en courant les champs,

n'entendent pas grand'chose à cette admirable théorie, mais c'est une des belles prérogatives de l'espèce humaine, de pouvoir la mettre en pratique.

Il me reste à témoigner ma vive reconnaissance à M. Crapelet, qui me donne une nouvelle preuve de son amitié, en voulant bien se charger de l'impression du petit nombre de copies de cette Notice. Je lui en ai d'autant plus d'obligation que cette bluette, qui n'aurait d'autre mérite que sa rareté, deviendra, aux yeux des amateurs, grâces à ses soins obligeans, un petit monument précieux sous le rapport typographique ; et elle pourra dire comme Sedaine :

Ah ! mon habit, que je vous remercie !

En effet, sans l'habit que serait-elle ? Je prie donc M. Crapelet d'agréer mes remercîmens et d'être bien persuadé de mon empressement à saisir toute occasion de lui prouver mon sincère et affectueux dévouement.

G. PEIGNOT.

NOTICE

D'OUVRAGES DE BIBLIOLOGIE,

D'HISTOIRE, DE PHILOLOGIE,

D'ANTIQUITÉS ET DE LITTÉRATURE,

TANT IMPRIMÉS QUE MANUSCRITS.

OUVRAGES IMPRIMÉS.

Nulla dies sine lineâ.

I. MANUEL BIBLIOGRAPHIQUE, ou Essai sur les Bibliothéques anciennes et modernes , et sur la connaissance
des livres, des formats , etc., etc. (De l'imprimerie de
Bobillier, à Vesoul). *Paris, an* ix-1800 , 1 *vol. in-8°*,
de xiv-364 *pages.*

Imprimé à 300 exempl., dont 6 sur pap. vélin. Premier essai où
se trouve le *Traité des Bibliothèques anciennes, traduit du latin de
Juste-Lipse,* seul morceau à peu près passable dans tout le volume.

II. DICTIONNAIRE RAISONNÉ DE BIBLIOLOGIE , contenant
1°. l'explication des principaux termes relatifs à la bibliographie, à l'art typographique, à la diplomatique,
aux langues, aux archives, aux manuscrits, aux médailles, aux antiquités, etc. 2°. Des Notices historiques
détaillées sur les principales bibliothéques anciennes et
modernes ; sur les différentes sectes philosophiques ;
sur les plus célèbres imprimeurs, avec une indication
des meilleures éditions sorties de leurs presses ; et sur

les bibliographes, avec la liste de leurs ouvrages. 3°. Enfin l'exposition des différens systèmes bibliographiques, etc., ouvrage utile aux bibliothécaires, archi-
vistes, imprimeurs, etc. (De l'imprimerie de Bobillier,
à Vesoul.) *Paris, Villier* et *Renouard, 1802, 2 vol.
gr. in-8. t. 1ᵉʳ, de* XXIV-472 *pag.; et t.* II, *de 456 pag.*

Imprimé à 1000 exemplaires, dont 10 sur pap. vélin.

DICTIONNAIRE RAISONNÉ DE BIBLIOLOGIE, etc., supplément
(aux deux volumes précédens), composé de plus de six
cents articles nouveaux sur les matières énoncées ci-
dessus, avec des corrections, des additions et des tables
alphabétiques de matières pour l'ouvrage entier; le
tout augmenté d'un Tableau synoptique de Bibliologie
(en trois feuilles). (De l'imprimerie de Bobillier, à Vesoul.) *Paris, Villier* et *Renouard, 1804, 1 vol. gr.
in-8., de* X-374 *pag.*

Tiré seulement à 750 exempl., 10 sur pap. vélin.

III. ESSAI DE CURIOSITÉS BIBLIOGRAPHIQUES. (De l'imprimerie de Bobillier, à Vesoul). *Paris, A. A. Renouard,
1804, 1 vol. in-8. de* LXX-178 *pag.*

Imprimé à 300 exempl., tous sur pap. vélin. On a ajouté à ce
volume un petit *supplément*, de 14 pages, dans 18 exempl., les seuls
qui restassent de l'édition, promptement écoulée.

IV. DICTIONNAIRE CRITIQUE, LITTÉRAIRE ET BIBLIOGRA-
PHIQUE des principaux livres condamnés au feu, supprimés ou censurés : précédé d'un discours sur ces
sortes d'ouvrages. (De l'imprimerie de Bobillier, à
Vesoul.) *Paris, Renouard, 1806, 2 vol. in-8., t.* 1ᵉʳ,
de XL-343 *pag., et t.* II, *de 295 pag.*

Tiré à 1000 exempl., plus 8 sur pap. vélin, 2 sur pap. rose, et
2 sur pap. bleu.

V. Petit Dictionnaire des locutions vicieuses, corrigées d'après l'Académie et les meilleurs grammairiens, précédé d'un abrégé des principes de l'art épistolaire, extrait des auteurs qui ont le mieux écrit sur cette partie; et des conseils d'un père à ses enfans sur la religion, la morale et l'éducation. (De l'imprimerie de Taulin, à Besançon.) *Paris*, 1807, *in-12, de* XL-168 *pag.*

Imprimé à 750 exempl., 10 sur pap. vélin, 4 sur pap. de couleur, rose, bleu et aurore. (Petit ouvrage pour de jeunes élèves.)

VI. Amusemens philologiques, ou Variétés en tous genres, contenant 1°. Une poétique curieuse, relative à toutes les espèces de vers singuliers, bizarres et d'une exécution difficile, avec des exemples figurés; 2°. Une notice sur les emblèmes tirés des fleurs, des arbres, des animaux, des couleurs, des cartes, etc.; un Vocabulaire étymologique des différens genres de divinations; 3°. Une nomenclature du chant ou cri des principaux oiseaux des quatre parties du monde, terminée par la *Philomela*, et suivie de variétés amusantes et instructives; 4°. Un dictionnaire des découvertes anciennes et modernes; des détails sur la longévité, sur la superstition de quelques grands hommes; une chronologie des auteurs célèbres classés par ordre de matières; un tableau statistique de la France; un aperçu de la réduction successive de la livre numéraire depuis Charlemagne; de la variation du marc d'argent; du prix des denrées avant la découverte de l'Amérique; une notice sur les diamans, avec un tableau de leur évaluation; un rapport des monnaies étrangères au franc, etc., etc.; par G. P. Philomneste, B. A. V. (De l'imprimerie de Taulin, à Besançon). *Paris, Renouard,* 1808, *in-8., de* xxix-400 *pag.*

Tiré à 750 exempl., et 8 sur pap. vélin. *Voy.* ci-après, n°. xxxii, une nouvelle édition entièrement différente de celle-ci ; elle est très augmentée, mieux imprimée, et préférable sous tous les rapports.

VII. Bibliographie curieuse, ou Notice raisonnée des livres imprimés à cent exemplaires au plus, suivie d'une notice de quelques ouvrages tirés sur papier de couleur. (De l'imprimerie de Taulin, à Besançon.) *Paris, Renouard,* 1808, *gr. in-8., de* 92 *pag.*

Tiré à 100 exempl., tous sur gr. pap. vélin, numérotés et signés de la main de l'auteur. *Voy.* ci-après, n°. xii, une nouvelle édition augmentée.

VIII. Principes élémentaires de Morale, ou Traité abrégé des devoirs de l'homme dans la société, suivis de la Science du bonhomme Richard et du Sifflet, opuscules de Benjamin Franklin. (De l'imprimerie de Taulin, à Besançon.) *Paris,* 1809, *in-12, de* xii-104 *pag.*

Cet opuscule, destiné à quelques écoles primaires, a été tiré à 750 exempl., 10 sur pap. vélin, 2 sur pap. rose.

IX. Le Portrait du Sage. Extrait de Confucius, Platon, Zénon, Cicéron, Sénèque, Epictète, Marc-Aurèle, Plutarque, Montaigne, Charron, Fénelon, Labruyère, Sterne, Rousseau, Weiss, etc., avec cette épigraphe : *Je n'aime pour moi que les livres qui me consolent et conseillent à régler ma vie et ma mort.* Montaigne, liv. i, c. 38. (De l'imprimerie de Taulin, à Besançon.) *Paris,* 1809, *gr. in-12, de* 48 *pag.*

Tiré à 75 exemplaires, tous sur pap. vélin, numérotés et paraphés en rouge, à l'exception de deux exemplaires en papier ordinaire, pour la mise en train.

X. La muse de l'Histoire, ou Esquisses de tableaux poétiques choisis dans l'Histoire sainte et dans l'Histoire profane. (De l'imprimerie de Bobillier, à Vesoul.) *Ce 25 juillet* 1809 , *in-8., de 16 pag.*

Tiré à 10 exempl., plus 2 sur pap. bleu, 2 sur papier jaune pâle, et 2 sur papier ventre-de-biche. Cet essai n'a pas eu de suite.

XI. Ambassades des Bartavelles du Dauphiné, et autres petites pièces du même genre. (De l'imprimerie de Bobillier, à Vesoul.) *Janvier* 1810, *in-8., de* 18 *pag.*

Tiré à 50 exempl.

XII. Répertoire de Bibliographies spéciales, curieuses et instructives, contenant la notice raisonnée 1°. des ouvrages imprimés à petit nombre d'exemplaires; 2°. des livres dont on a tiré des exemplaires sur papier de couleur; 3°. des livres dont le texte est gravé; et 4°. des livres qui ont paru sous le nom d'*Ana;* le tout rédigé et publié avec des remarques historiques, littéraires et critiques. (De l'imprimerie de Taulin, à Besançon.) *Paris, Renouard,* 1810, 1 *vol. in-8. de* xv-286 *pag.*

Tiré à 750 exempl., et 10 sur pap. vélin. Les deux premières parties de cet ouvrage sont une nouvelle édition de la *Bibliographie curieuse,* augmentée. *Voy.* ci-dessus, n°. vii. Dès-lors, l'auteur a fait de nouvelles recherches sur ce genre d'ouvrages; son nouveau ravail pour une troisième édition, des livres tirés à petit nombre, est quatre fois plus considérable que celui de la seconde édition. Il en est de même pour les *Ana.*

XIII. Répertoire bibliographique universel, contenant la notice raisonnée des bibliographies spéciales publiées jusqu'à ce jour, et d'un grand nombre d'autres ouvrages de bibliographie, relatifs à l'histoire littéraire et à toutes les parties de la bibliologie. (De l'imprimerie de Crapelet, à Paris.) *Paris, Renouard*, 1812, *1 vol. in-8., de* xx-514 *pag.*

Tiré à 1000 exempl., et 4 sur gr. pap. vélin.

XIV. Essai sur l'histoire du parchemin et du vélin. (De l'imprimerie de Crapelet, à Paris.) *Paris, Renouard*, 1812, *1 vol. in-8., de* 110 *pag.*

Imprimé à 250 exempl., plus 4 sur gr. pap. vélin, et 2 sur Vélin, petit in-4°.

XV. Bibliothèque choisie des Classiques latins, considérés sous le rapport historique, analytique, philologique et bibliographique ; précédée de l'histoire de la langue latine, et suivie de dissertations propres à faciliter l'intelligence des auteurs latins. Plan de l'ouvrage. (De l'imprimerie de Frantin, à Dijon.) *Paris, Renouard*, 1813, *in-8., de* 82 *pag.*

Tiré à 750 exempl., et 10 sur pap. vélin. (Ce n'est qu'un prospectus de l'ouvrage, dont le détail sera ci - après aux Manuscrits, n°. xii.)

XVI. Impromptu sur le rétablissement des Bourbons, ou Dialogue villageois, etc. (De l'imprimerie de Frantin, à Dijon.) *Paris, avril* 1814, *in-8°, de* 8 *pag.*

Tiré à 1000 exempl.

XVII. De la Maison royale de France, ou Précis généalogique et anecdotique sur la famille de Bourbon, et sur ses illustres aïeux, depuis saint Arnoul, en 596. Précédé de la généalogie des Rois Mérovingiens et Carlovingiens ; et suivi d'un précis chronologique de la révolution française, depuis le 22 février 1787, jusqu'au 6 juin 1814 ; le tout formant un mémorial complet de l'*Histoire de France*, enrichi, règne par règne, de nombreuses notices sur les grands événemens politiques, sur les institutions religieuses, civiles, militaires et littéraires ; sur les découvertes les plus importantes ; sur les progrès de la langue française, prouvés par des monumens de chaque règne, et sur les faits les plus marquans de la révolution. Ouvrage orné des portraits des rois de France. (De l'imprimerie de Frantin, à Dijon.) *Paris, Renouard et de la Tynna ; Dijon, Noellat,* 1815, *1 vol. in-8., de* LXIV-432 *pag. fig.*

Tiré à 1500 exempl., dont plusieurs sur pap. vélin.

XVIII. Précis chronologique du règne de Louis XVIII, en 1814, 1815 et 1816 ; indiquant jour par jour, les événemens politiques, civils, militaires et littéraires qui ont eu lieu tant en France, que dans les différens États de l'Europe, depuis le 23 avril 1814, jusqu'au 23 mars 1816. (De l'imprimerie de Frantin, à Dijon.) *Paris, Renouard ; Dijon, Noellat,* 1816, *in-8., de* XX-112 *pag.*

Tiré à 1000 exempl., 10 sur pap. vélin.

Nota. Les deux précédens ouvrages, avec des additions qui portent les événemens jusqu'à 1819, ont été réunis et annoncés sous le titre suivant (mais ce n'est point une nouvelle édition) :

« Abrégé de l'Histoire de France, composé de recherches cu-
« rieuses la plupart négligées par les historiens, et contenant dans
« l'ordre chronologique la généalogie détaillée des princes de chaque
« race ; l'indication des grands événemens, tous les établissemens
« politiques, religieux, civils, militaires et littéraires de chaque
« règne ; les découvertes en tous genres ; les costumes, mœurs et
« usages de chaque siècle ; la nomenclature et évaluation des mon-
« naies frappées sous chaque roi ; les progrès de la langue française,
« de règne en règne, prouvés par les monumens du temps ; enfin un
« Précis de la révolution française, présentant jour par jour les
« principaux événemens depuis l'assemblée des notables en 1787,
« jusqu'à la fin de 1819. *Paris, A. A. Renouard, libraire, rue*

« *Saint-André-des-Arts*, n°. 55; *Tournachon-Molin et Seguin,*
« *libraires, rue de Savoie*, n°. 6. *Dijon, Noellat, sous les piliers*
« *Notre-Dame*, 1819, 1 *vol. in-8., de* LXIV-432 ; *et de* XXX-120 ; *en*
« *tout 646 pag.* »

XIX. TESTAMENT DE LOUIS XVI, précédé de quelques
réflexions, tant sur cet acte que sur d'autres écrits
de S. M., et accompagné de Notes historiques. Hom-
mage rendu à la mémoire du meilleur et du plus infor-
tuné des Rois. (De l'imprimerie de Bernard-Defay, à
Dijon.) *Dijon, le* 21 *janvier* 1816, *in-8., de* 35 *pag.*
Tiré à 75 exempl., 4 sur pap. terre d'ombre.

Le même Testament, nouvelle édition, augmentée de
détails sur les derniers instans de Louis XVI, et de pièces
relatives au deuil général qui doit avoir lieu en expia-
tion du parricide commis le 21 janvier 1793. (De l'imprimerie de Bernard-Defay, à Dijon.) *Dijon, le* 30 *janvier* 1816; *chez Noellat; in-8., de* 45 *pag.*

Tiré à 500 exempl., 10 sur pap. vélin, 4 sur pap. vert-pâle, 4 sur
pap. terre d'ombre, 4 sur pap. bleu.

XX. TESTAMENT DE MARIE-ANTOINETTE-JOSÈPHE-JEANNE
DE LORRAINE, archiduchesse d'Autriche, reine de
France et de Navarre, née à Vienne le 2 novembre
1755, morte martyre le 16 octobre 1793. Ce Testament, découvert en février 1816, accompagné de réflexions, de notes historiques et de toutes les pièces
qui y sont relatives, fait suite au Testament du Roi,
publié dans le même genre un mois auparavant. (De
l'imprimerie de Bernard-Defay, à Dijon.) *Dijon, chez
Noellat, février* 1816, *in-8., de* 31 *pag.*

Tiré à 500 exemp., 10 sur pap. vélin, 4 sur pap. terre d'ombre,
4 sur pap. vert-pâle, 4 sur pap. bleu, 4 sur pap. rouge-ocre.

XXI. LE NOUVELLISTE DES CAMPAGNES, ou Entretiens villageois sur les bruits qui courent les champs; par Jacques Rambler. (De l'imprimerie de Frantin, à Dijon.) *A la Campagne*, 1816, *in-8., de 24 pag.*

Imprimé à 2000 exempl., 10 sur pap. vélin, 4 sur pap. bleu, 4 sur pap. ventre-de-biche.

Le même ouvrage, *réimprimé à Beauvais*, 1816, *in-8.*

Tiré à 4000 exempl.

XXII. TRAITÉ DU CHOIX DES LIVRES, contenant 1°. des observations sur la nature des ouvrages les plus propres à former une collection peu considérable, mais précieuse sous le rapport du goût; 2°. des recherches littéraires sur la prédilection particulière que des hommes célèbres de tous les temps ont eue pour certains ouvrages; 3°. un mémorial bibliographique des éditions les plus correctes et les plus belles des chefs-d'œuvre de la littérature sacrée, grecque, latine, française et étrangère; 4°. enfin une notice sur l'établissement d'une bibliothèque, sa construction, sa division, le soin que l'on doit prendre des livres, etc., etc. (De l'imprimerie de Frantin, à Dijon.) *Paris, A. A. Renouard; Dijon, Victor Lagier*, 1817, 1 *vol. in-8., de* xx-295 *pag.*

Tiré à 750 exempl., 2 sur pap. vélin, 2 sur pap. rose. Ce n'était qu'un essai; il a été très augmenté et réimprimé sous le titre de *Manuel du Bibliophile; Voy.* plus bas, n° XXXI.

XXIII. PRÉCIS HISTORIQUE ET ANALYTIQUE des Pragmatiques, Concordats, Déclaration, Constitution et autres actes relatifs à la discipline de l'église en France, depuis Saint-Louis jusqu'à Louis XVIII. (De l'imprimerie d'Egron, à Paris.) *Paris, A. A. Renouard*, 1817, 1 *vol. in-*8., *de* ix-156 *pag.*

J'ignore à quel nombre d'exemplaires cet ouvrage a été tiré, le manuscrit ayant été cédé à M. R.,...

XXIV. Recherches sur les ouvrages de Voltaire, contenant 1°. des réflexions générales sur ses écrits ; 2°. une notice raisonnée des différentes éditions de ses œuvres choisies ou complètes, depuis 1732 jusqu'à 1817 ; 3°. le détail des condamnations juridiques qu'ont encourues la plupart de ses écrits ; et 4°. l'indication raisonnée des principaux ouvrages de ses adversaires, etc.; par J.-J. E.-G., avocat. Avec cette épigraphe : *Sine irá et studio.* (De l'imprimerie de Frantin, à Dijon.) *Paris*, 1817, *in-*8., *de* viii-68 *pag.*

Tiré à 1000 exempl., 2 sur gr. pap. vélin superfin.

XXV. Mélanges littéraires, philologiques et bibliographiques, contenant des recherches sur l'étymologie des noms propres (des rois et des reines de France), dans les premiers temps de la monarchie, etc. ; sur l'origine connue de quelques mots de la langue française avant la révolution ; sur les langues et particulièrement sur les ouvrages polyglottes, avec l'*Oraison dominicale*, et quelques mots rendus en un grand nombre de langues ; sur la disposition de l'écriture chez les différens peuples ; sur la langue celtique et gauloise ; sur les différentes éditions de l'*Art de vérifier les dates*, etc., etc. (De l'imprimerie de Frantin, à Dijon.) *Paris, A. A. Renouard*, 1818, *in-*8., *de* xvi-167 *pag.* (*petit-texte*), *avec une planche gravée, représentant l'alphabet gaulois.*

Tiré à 150 exempl., tous sur pap. vélin, plus 2 sur pap. vélin rose, et 2 sur pap. vélin dit mécanique ; les 5 du dépôt en pap. ordinaire.

XXVI. Essai historique sur la Lithographie, renfermant 1°. l'histoire de cette découverte; 2°. une notice bibliographique des ouvrages qui ont paru sur la lithographie; et 3°. une notice chronologique des différens genres de gravures qui ont plus ou moins de rapport avec la lithographie. (De l'imprimerie de Frantin, à Dijon.) *Paris, A. A. Renouard,* 1819, *in-8., de* 60 *pag., avec une planche.*

Imprimé à 250 exempl. sur pap. vélin, 6 sur pap. vélin superfin, 16 en pap. ordinaire et 2 sur papier rose.

XXVII. Recherches historiques, littéraires et bibliographiques, sur la vie et les ouvrages de M. de La Harpe. *Dijon, Frantin, imprimeur du Roi,* 1820, *in-*12, *de* 160 *pag.*

Tiré à part à 100 exemplaires. Cet opuscule sert d'introduction à la nouvelle édition du *Cours de Littérature de La Harpe,* publiée par MM. Lagier et Frantin, 18 *vol. in-*12, édition à laquelle je n'ai eu d'autre part que celle des *Recherches sur La Harpe,* mais que je puis certifier comme l'une des plus correctes et des meilleures de cet ouvrage classique.

XXVIII. Essai chronologique sur les hivers les plus rigoureux, depuis l'an 396 avant J.-C. jusqu'en 1820 inclusivement; suivi de recherches sur les effets les plus singuliers de la foudre, depuis 1676 jusqu'en 1821; le tout précédé d'un précis élémentaire sur l'hiver considéré sous les rapports astronomique et météorologique; avec des notes sur les objets et sur les faits les plus curieux; des tableaux, des tables, etc. (De l'imprimerie de Dejussieu, à Châlons-sur-Saône.) *Paris, A. A. Renouard,* 1821, 1 *vol. in-8., de* xv-240 *pag.*

Tiré à 800 exempl., dont 50 en gr. pap. fin. Je prépare une seconde édition très augmentée des *Recherches sur les effets de la foudre.* (*Voy.* aux Manuscrits, n° xliv.)

XXIX. Des Comestibles et des vins de la Grèce et de l'Italie en usage chez les Romains; fragment d'un ouvrage manuscrit sur le luxe et la somptuosité des Romains dans leurs repas. Extrait du compte rendu des travaux de l'Académie des Sciences, Arts et Belles-Lettres de Dijon, 1821. (De l'imprimerie de Frantin, à Dijon.) *Dijon, 1822, in-8., de 43 pag.*

Tiré à part à 5o exemplaires. Ce fragment a été corrigé et considérablement augmenté depuis 1822. (*Voy.* ci-après aux Manuscrits, le n° iii.)

XXX. Variétés, Notices et Raretés bibliographiques; recueil faisant suite aux Curiosités bibliographiques. (De l'imprimerie de Frantin, à Dijon.) *Paris, A. A. Renouard, 1822, 1 vol. in-8., de xii-136 pag.*

Tiré à 3oo exempl. pap. superfin, plus 2 exempl. pap. bleu, et 5 exempl. en pap. ordinaire. Cet article fait suite à l'ouvrage annoncé précédemment sous le n° iii, p. 2.

XXXI. Manuel du Bibliophile, ou Traité du choix des livres, contenant des développemens sur la nature des ouvrages les plus propres à former une collection précieuse, et particulièrement sur les chefs-d'œuvre de la littérature sacrée, grecque, latine, française, étrangère; avec les jugemens qu'en ont portés les plus célèbres critiques; une indication des morceaux les plus saillans de ces chefs-d'œuvre; la liste raisonnée des éditions les plus correctes et les plus belles des principaux auteurs anciens et modernes, avec les prix; la manière de disposer une bibliothéque, de préserver les livres de toute avarie; des détails sur leurs formats, sur les différens genres de reliures, etc., etc., et une ample table de matières. (De l'imprimerie de Frantin, à Dijon.) *Dijon, chez Victor Lagier*, 1823, 2 *vol. in-8., t.* 1ᵉʳ, *de* LX-413, *et t.* II, *de* 492 *pag.*

Tiré à...... j'ignore le nombre des exemplaires en pap. ordinaire et en pap. vélin. Il y a 3 exempl. sur papier rose. Cet ouvrage, très utile à celui qui veut se former une bibliothéque choisie et bien composée, est le développement du *Traité du Choix des Livres*, annoncé précédemment, sous le n°. XXII) et dont les exemplaires ont été épuisés très rapidement.

XXXII. Amusemens philologiques, ou Variétés en tous genres ; seconde édition, revue, corrigée et augmentée. (De l'imprimerie de Frantin, à Dijon.) *Dijon, chez Victor Lagier*, 1824, 1 *vol. in-8., de* XVI-517 *pag.*

Tiré à 2000 exempl., dont 500 sur carré fin, plus 20 sur gr. pap. vélin. Cette édition est toute différente de celle qui est annoncée précédemment, sous le n°. VI. Le choix des matériaux est meilleur, et l'impression infiniment mieux soignée.

XXXIII. Relation des deux missions de Dijon : l'une en 1737, l'autre en 1824, par M. *L. *T, I. D. E. (De l'imprimerie de Frantin, à Dijon.) *Dijon, Victor Lagier*, 3 *mai* 1824, *in-*12, *de* IV-75 *pag.*

Tiré à 500 exempl. ; édition épuisée en huit jours. (Cet opuscule, sur la demande qui m'en a été faite, a été rédigé en 36 heures.)

La même relation. Nouvelle édition, corrigée, et augmentée d'une notice sur l'origine des missions en France. (De l'imprimerie de Frantin, à Dijon.) *Dijon, Victor Lagier*, 20 *mai* 1824, *in-*12, *de* XX-76 *pag.*

Tiré à 500 exempl., dont 50 sur pap. fin.

XXXIV. Mémorial religieux et biblique, ou Choix de pensées sur la religion et sur l'Écriture Sainte. (De l'imprimerie de Frantin, à Dijon.) *Dijon, Victor Lagier*, 1824, *in-*18, *de* XI-283 *pag.*

Tiré à..... j'ignore le nombre.

XXXV. Lettre a M. C.-N. A***, sur un ouvrage intitulé *Les Poètes françois depuis le douzième siècle
jusqu'à Malherbe,* avec une notice historique sur
chaque poète. — A cette lettre est ajoutée une notice
sur la nouvelle édition des *Evvres de Lovise labé Lion-
noize,* par M. C.-N. A***. (De l'imprimerie de Frantin, à Dijon.) *Paris, Renouard, octobre* 1824, *in*-8.,
de 16 *pag.*

Tiré à 50 exemplaires.

XXXVI. Notice sur la vie et les ouvrages de dom Jamin,
religieux bénédictin de la congrégation de Saint-Maur.
(Des imprimeries de Frantin et Carion, à Dijon.)
Dijon, Victor Lagier, 1825, *in*-12, *de* 12 *pag.*

Cette Notice est à la tête d'une nouvelle édition de trois ouvrages
de D. Jamin, savoir les *Pensées théologiques, in*-12 ; le *Fruit de mes
lectures, in*-12 ; et le *Traité de la lecture chrétienne.* J'ai soigné la
nouvelle édition des deux derniers ouvrages. Celle du *Fruit de mes
lectures* m'a donné beaucoup de peine, parce que j'ai vérifié les
nombreuses citations tirées des auteurs anciens, et rétabli le nom de
ces auteurs à chacune.

XXXVII. Recherches historiques et littéraires sur les
Danses des Morts. — Analyse critique et raisonnée de
toutes les recherches publiées jusqu'à ce jour sur l'origine et l'histoire des Cartes à jouer. Ouvrage orné de
cinq lithographies et de vignettes. (De l'imprimerie de
Bobillier, à Vesoul.) *Dijon, Victor Lagier; Paris,
même maison, rue Hautefeuille,* n° 3, 1826, 1 *vol.*
in-8., *de* lx-367 *pag.*

Édition entièrement imprimée sur pap. vélin fin d'Annonay ; le
tirage n'a pas été considérable. Les recherches sur les danses des
morts finissent à la page 194 ; les Recherches sur les cartes à jouer
occupent les pag. 199-306 ; les additions et la table, pag. 307-367.

XXXVIII. Sur les Lettres de Henri VIII à Anne Boleyn, publiées par M. Crapelet (Lettre à M. Amanton.) (De l'imprimerie de Noellat). *Dijon, décembre* 1826, *in-8., de* 23 *pag.*

Édition tirée à 10 exemplaires, numérotés à la presse, et tous sur papier de paille, quoique très blanc. En même temps que cette lettre s'imprimait à si petit nombre à Dijon, M. Crapelet la réimprimait à Paris sous le titre suivant :

Lettre de M. G. Peignot à M. C. N. Amanton, à Dijon, sur l'ouvrage intitulé Lettres de Henri VIII à Anne Boleyn. (*Paris, de l'imprimerie de Crapelet, décembre* 1826, *gr. in-8.*)

Tiré à 50 exemp. sur jésus vélin, et 12 exemp. pap. de Hollande,

XXXIX. Documens authentiques et détails curieux sur les dépenses de Louis XIV, en bâtimens et châteaux royaux (particulièrement Versailles); en gratifications et pensions accordées aux savans, gens de lettres et artistes, depuis 1663; en établissemens, monumens, etc. ; d'après un manuscrit du temps de Colbert, récemment découvert à Dijon, entièrement conforme aux anciens États et Mémoires originaux relatifs à ces dépenses, déposés aux archives du Gouvernement, et dont on donne les résultats. Le tout accompagné de notes historiques entremêlées de quelques lettres de Louis XIV, de mademoiselle de Montpensier, du duc d'Estrées, de Colbert, de Chapelain, de Mézeray, de Mansard, etc. (De l'imprimerie de Frantin, à Dijon.) *Paris, J. Renouard et Lagier,* 1827, *in-8., de* xix-174 *pag., avec un beau portrait de Louis XIV.*

Tiré à 275 exempl. sur pap. fin, et 25 sur pap. vélin.

XL. Essai chronologique sur les mœurs, coutumes et

usages anciens les plus remarquables dans la Bourgogne. (De l'imprimerie de Noellat.) 1ᵉʳ *janvier* 1827, *in*-12 , *de* 80 *pag.*

Tiré à 100 exemplaires ; c'est un tirage à part. Cet opuscule fait partie de l'*Annuaire de la Côte-d'Or* pour 1827.

XLI. Du luxe de Cléopatre dans ses festins avec Jules César, puis avec Marc-Antoine ; extrait lu à l'Académie de Dijon, le 15 juillet 1827. (De l'imprimerie de Frantin, à Dijon.) *Dijon,* 1828 , *in*-8., *de* 23 *pag.*

Tiré à 75 exemplaires.

XLII. Histoire de la Passion de Jésus-Christ, composée, en 1490 , par le R. P. Olivier Maillard ; publiée en 1828 comme monument de la langue française au quinzième siècle, avec une notice sur l'auteur, des notes et une table des matières. *Paris, de l'imprimerie de Crapelet, rue de Vaugirard,* n° 9, 1828 , 1 *vol. gr. in*-8., *pap. fort, de* XXIV-119 *pag.*

Édition de luxe, tirée à 200 exempl. jésus vélin, et 10 exempl. pap. de Hollande. J'ai en portefeuille la série bibliographique de toutes les éditions des œuvres et sermons d'Olivier Maillard ; elles sont au nombre de plus de soixante.

XLIII. Recherches historiques sur la personne de Jésus-Christ, sur celle de Marie, sur les deux généalogies du Sauveur et sur sa famille ; avec des notes philologiques, des tableaux synoptiques et une ample table des matières, par un ancien Bibliothécaire ; avec cette épigraphe : *Et quærebat videre Jesum, quis esset.* S. Luc, XIX, 3. (De l'imprimerie de Frantin, à Dijon.) *Dijon, Lagier, libraire, rue Rameau,* 1829, 1 *vol. in*-8., *de* XXIII-275 *pag.*

Tiré à 1000 exemplaires et 25 sur pap. vélin.

XLIV. CHOIX DE TESTAMENS ANCIENS ET MODERNES, remarquables par leur importance, leur singularité ou leur bizarrerie, avec des détails historiques et des notes. Épigraphe : *Testamenta hominum speculum esse morum vulgò creditur.* PLIN. JUN. VIII, *ep.* 18. (De l'imprimerie de C. F. Bobillier, à Vesoul.) *Paris, Renouard, libraire, rue de Tournon, n° 6; Dijon, Victor Lagier, libraire, rue Rameau, n°ˢ 1 et 4, 1829, 2 vol. in-8., de* XXIV-431 *pag. pour le premier volume, et* 496 *pour le second.*

Tiré à 1000 exemp., et 20 sur pap. superfin.

XLV. LETTRE sur une nouvelle édition des OEuvres de Ducerceau. (De l'imprimerie de N. Odobé, à Dijon.) *Dijon, 1829, in-8., de 12 pag. petit-romain.*

Tiré à 75 exemplaires.

XLVI. LETTRE A M. C.-N. AMANTON, sur un nouvel ouvrage relatif aux costumes de femmes, depuis le milieu du douzième siècle. (De l'imprimerie de N. Odobé, à Dijon.) *Dijon, 1829, in-8°, de 12 pag.*

Tiré à 75 exempl. Le bel ouvrage dont il est question dans cette Lettre, a pour titre : *Galerie française des femmes célèbres par leurs talens, leur rang ou leur beauté. Portraits en pied, dessinés par M. Lanté; la plupart d'après les originaux inédits, gravés par M. Gatine et coloriés; avec des notices biographiques et des remarques sur les habillemens* (par M. La Mésangère); de l'imprimerie de Crapelet. *Paris, chez l'éditeur, boulevart Montmartre, n° 1, 1827, gr. in-4°.*

XLVII. LETTRES (deux) A M. C.-N. AMANTON, sur deux manuscrits précieux du temps de Charlemagne. (De l'imprimerie d'Odobé, à Dijon.) *Dijon, 1829, in-8., de 29 pag.*

Ces deux Lettres ont rapport à l'annonce que les journaux ont faite en janvier 1829, de *la Bible* du temps de Charlemagne que possède M. Speyr de Bâle. Je n'avais aucun détail sur ce précieux monument, lorsque j'ai écrit ces deux lettres, et je n'en parlais que par comparaison avec d'autres anciens manuscrits. Mais les renseignemens qui me sont parvenus depuis, fortifiés par les attestations des savans de France les plus versés dans la paléographie, me font penser, quoique je n'aie point vu cette Bible, qu'elle appartient au siècle de Charlemagne. La forme des différens caractères, les notes tironiennes, ce que l'on remarque dans une des miniatures, tout semble confirmer cette opinion.

XLVIII. HISTOIRE D'HÉLÈNE GILLET, ou Relation d'un événement extraordinaire et tragique, survenu à Dijon dans le dix-septième siècle ; suivie d'une notice sur des lettres de grâce singulières, expédiées au quinzième siècle, et sur quelques usages bizarres en matière criminelle. Le tout publié textuellement d'après les manuscrits et les imprimés du temps ; avec des notes, et cette épigraphe : « Quel prodige qu'une jeune fille ait col-« leté avec la mort corps à corps ! qu'elle ait luitté avec « cette puissante géante dans le parc de ses plus sanglantes « exécutions dans le champ même de son morimont... » *Discours de* CH. FEVRET. (De l'imprimerie de N. Odobé, à Dijon.) *Dijon, chez Victor Lagier, libraire,* 1829, *in-*8., *de* XII-59 *pag.*

Tiré à 500 exempl., outre 4 sur papier violet et 4 sur papier gris de lin. Le récit de cette épouvantable catastrophe est d'autant plus intéressant qu'il est raconté naïvement par des contemporains, et des témoins oculaires.

XLIX. DE L'ANCIENNE BIBLIOTHÉQUE des Ducs de Bourgogne de la dernière race, ou Catalogue d'une partie des Livres composant l'ancienne bibliothéque de ces Ducs, d'après des inventaires de leurs meubles au commencement du quinzième siècle ; précédé d'une lettre à M. C.-N. Amanton, sur le goût que ces princes ont toujours manifesté pour les lettres. (De l'imprimerie d'Odobé, à Dijon.) *Paris, Jules Renouard, libraire, rue de Tournon, n° 6, 1830, in-8., de* xxx-60 *pag.*

Tiré à 93 exempl., 10 sur pap. vélin, et 2 sur pap. rose.

L. Recherches sur l'Époque où les premiers chrétiens, les Romains et les peuples d'Occident ont commencé à adopter la semaine, c'est-à-dire la division des jours du mois en nombre septénaire. Mémoire lu à la Commission des antiquités (Académie des Sciences, Arts et Belles-Lettres de Dijon), dans sa séance du 6 août 1829. (De l'imprimerie de Frantin, à Dijon.) 1830, *in-8., de* 48 *pag.*

Tiré à 100 exempl., dont 15 sur pap. vélin, et 4 sur pap. jaune.

LI. Notice des ouvrages de bibliologie, d'histoire, de philologie, d'antiquités, de littérature, tant imprimés que manuscrits, de Gabriel P..... *Opusculum, amicorum gratiâ tantùm, amici prelo subjectum.* Paris, de l'imprimerie de Crapelet, 1830, *in-8. de* viii-52 *p.*

Tiré à petit nombre, pour mes amis et mes correspondans.

Outre les ouvrages mentionnés dans la liste précédente, il existe encore un grand nombre de pièces, de lettres, de notices, insérées dans divers journaux, recueils, ouvrages, etc. La plupart échappent à ma mémoire (1); mais voici l'indica-

---

(1) Il n'est point surprenant que je ne me rappelle pas d'objets d'aussi peu d'importance, puisque j'ai oublié de parler dans la présente Notice, 1°. des nombreux articles que j'ai fournis à la neuvième édition du *Dictionnaire historique* de MM. Chaudon et Delandine; 2°. de la

tion de quelques unes de ces pièces que j'ai pu retrouver dans les suites d'ouvrages périodiques et autres recueils que je possède :

1. Épître au Grand-Turc, pour lui redemander mon ami Beauchamps, envoyé, en 1795, consul à Mascate, et retenu, depuis quatre ans, prisonnier d'État aux Sept-Tours. (*Voy*. la *Décade philosophique et littéraire; Paris*, an ix (1798), *deuxième trimestre, pag.* 426-428.)

Joseph Beauchamps, célèbre astronome, était né à Vesoul en 1752 ; j'ai eu le malheur de perdre cet excellent ami, le 19 novembre 1801, à Nice, où il est mort en revenant de Constantinople.

2. Notice sur les diverses éditions de l'Art de vérifier les dates. (Dans le *Journal de la Librairie,* année 1818, *pag.* 352-355.) *In-8., petit-texte, grande justification.*

Cette notice a été tirée de mes *Mélanges littéraires.* (*Voy*. ci-devant, n° xxv, p. 10.)

3. Fragmens sur la somptuosité des Romains dans leurs triomphes, leurs spectacles, leurs bâtimens, leurs repas, leur ameublement, etc., lus à l'Académie des Sciences, Arts et Belles-Lettres de Dijon, et mentionnés dans le compte rendu de ses travaux ; année 1818, *in-8., pag.* 103-104.

Les objets dont il est question dans cet article, seront annoncés ci-après aux Manuscrits, n°ˢ I, II, III, p. 27.

Table littéraire chronologique, en 206 pag. gr. *in-*8., qui termine ce Dictionnaire ; et 3°. des articles que j'ai également fournis à la *Biographie universelle.* Je ne me suis aperçu de ces omissions qu'après que ma Notice a été rédigée, mais *mon siége était fait,* expression devenue proverbiale, et que, soit dit en passant, l'on prête très gratuitement au bon abbé de Vertot.

4. Recherches sur le Virgile virai en Borguignon, par
le conseiller Pierre Dumay, l'abbé Paul Petit, et le
R. P. Pierre Joly, dominicain; lues à l'Académie de
Dijon, et mentionnées dans le compte rendu de ses
travaux; année 1820, *in*-8., *pag*. XLI-XLII.

Cet ouvrage sera annoncé ci-après aux Manuscrits, n° XXXVIII.

5. Lettre du 21 février 1822, sur une secousse de trem-
blement de terre ressentie à Dijon. (*Voy*. le *Journal
de Dijon*, *in*-4°, du samedi 23 février 1822, *p*. 62.)

6. Notice nécrologique sur madame la marquise d'A....,
en tête de la seconde édition de ses *Heures choisies*, etc. *Dijon*, 1822, *in*-16, *de 8 pag*.

7. Lettre au Rédacteur du *Journal de la Librairie*, année 1822, p. 688, dans laquelle je réclame contre
l'insertion que plusieurs libraires font, sous mon nom,
dans leurs catalogues, d'un *Dictionnaire historique et
biographique des personnages illustres; Paris*, 1813,
puis avec un nouveau titre, 1822, 3 ou 4 *vol. in*-8°,
ouvrage qui m'est étranger, et dont je n'ai jamais pos-
sédé, ni même vu un seul exemplaire complet. Cette
réclamation a été insérée dans plusieurs autres journaux.

8. Lettre au Rédacteur du *Journal de la Librairie*, année 1824, p. 181, pour justifier l'exactitude de la date
d'un arrêt du parlement de Paris, rendu le mardi
1ᵉʳ mars 1551, contre *ung certain liure maulvais ex-
posé en vente soubz le tiltre de* Quatrieme liure de
Pantagruel, etc.

M. De L..., éditeur des *OEuvres de Rabelais*, L. Janet, 1825,
3 *vol. in*-8., *t*. III, *p*. 5, regarde la date de cet arrêt comme fautive,

parce que Fezendat, imprimeur du quatrième livre de Pantagruel, a mis à la fin du volume : *acheué d'imprimer, le 28 janvier* 1552. En effet, il est difficile de concevoir comment un ouvrage imprimé en janvier 1552, a pu être condamné en mars 1551. Cependant j'ai essayé de prouver dans la lettre en question que cet anachronisme n'est qu'apparent, et que la date de l'arrêt, ainsi que celle de l'impression du livre, peuvent être l'une et l'autre exactes.

9. Notice nécrologique sur Cl. Xav. Girault, membre de l'Académie des Sciences, Arts et Belles-Lettres de Dijon. (*Voy*. le *Compte rendu des travaux de cette Académie* ; année 1824, *in-8.*, *pag.* 275-281.)

10. Recherches sur les Danses des Morts, sur leur origine présumée et particulièrement sur cette question : Les anciens ont-ils connu cette sorte de danses ? lues à l'Académie de Dijon, le 24 avril 1825, et insérées dans le compte rendu des travaux de cette Académie, année 1825, *in-8.*, *pag.* 213-239.

Ces recherches, ou plutôt cette dissertation, a paru l'année qui a précédé la publication de l'ouvrage sur *les danses des morts*, annoncé précédemment, sous le n° xxxvii.

11. Lettre sur le centenaire anglais Thomas Parr, né en mars 1483, mort à Londres, le 24 novembre 1635. (*Voy*. le *Journal de Dijon, in-4.*, *du* 12 *novembre* 1825, n° 90, p. 350-351.)

12. Lettre sur les rois de France qui ont porté le nom de Charles, et qui sont au nombre de onze, non compris le cardinal de Bourbon, nommé illégalement Charles X, par la ligue. (*Voy*. le *Journal de Dijon*, *du mercredi* 28 *février* 1827, n° 17, p. 66.)

13. Notice sur Buffon, sur ses biographes et particulièrement sur Hérault de Séchelles (en tête d'une nou-

velle édition du *Voyage à Montbard, fait en* 1785, etc.;
Paris.) (*Dijon*, 1828, *in*-18.)

Cette Notice devrait être signée G. P.., ainsi que les Notes qui
accompagnent cette nouvelle édition, dont j'ai retranché les passages
impies et obscènes. En 1822, on m'avait demandé ce travail, je l'ai
donné avec plaisir sur-le-champ, on m'en a remercié, la publication
a été différée, et je n'y pensais plus, lorsque l'ouvrage a paru en
1828, sans que j'en fusse prévenu. C'est bien certainement par une
erreur typographique qu'un autre nom se trouve au bas de cette notice , car je connais la délicatesse et les procédés constamment hon-
nêtes de celui qui a fait imprimer ce petit volume ; il est incapable
de se parer des plumes du paon ; et d'ailleurs à quel triste paon se
serait-il adressé ! Je n'ai, hélas ! que des plumes de corbeau. Il est
pourtant vrai que j'aurais pu les employer quelquefois à rappeler à
plus d'un écrivain le sage axiome CUIQUE SUUM. (1)

14. LETTRE PLAISANTE sur la Longévité de certains animaux (un cerf et une chauve-souris). *Voy*. le *Journal
de Dijon, du mercredi* 19 *septembre* 1827, n° 75,
p. 299.

15. MÉMOIRE sur différens objets, tels que couteaux ,
cuillers , nappes , serviettes , plats , assiettes , vases ,

---

(1) Par exemple, j'ai trouvé dans le *Discours préliminaire* du VIIe volume des *Siècles littéraires de la France* , *Paris* , 1803, *in*-8°, 30 à
40 pages de mon *Dictionnaire de Bibliologie* , copiées (sans me nom-
mer) avec une exactitude si admirable qu'on y a précieusement con-
servé toutes les fautes typographiques et celles de mon fait qui pou-
vaient s'y rencontrer ; jamais je n'en ai dit un mot.

Un Anglais, M. Thom. Hartwell Horne , m'a fait l'honneur de
mettre à ample contribution mon *Dictionnaire* et mes autres ouvrages
de bibliographie , pour composer son *Introduction tho the study of
Bibliography*, etc. *London*, 1814 , 2 *vol. in*-8°. Je n'ai appris cela que
par l'excellent *Manuel* de M. Brunet.

J'ai su encore par les journaux que , sans m'en douter, j'avais fourni
un copieux contingent à un ouvrage publié à Paris, en 1827, sur les
Bibliothèques anciennes et modernes ; 1 *vol. in*-8°. Je n'ai pas l'honneur
de connaître l'auteur, qui a préféré une correspondance directe avec

coupes, etc., dont les Romains faisaient usage pendant le repas et pour le service de table ; lu à l'Académie des Sciences de Dijon, et mentionné dans le compte rendu de ses travaux, année 1827, *in-8.*, *pag.* 189-194.

Ce mémoire est tiré de l'ouvrage annoncé ci-après aux Manuscrits, sous le n° III.

16. Petite Bibliothéque xéniographique, ou Notice raisonnée des ouvrages qui ont paru sur les étrennes, depuis le seizième siècle jusqu'en 1829, 24 *pag. in-8.* ; dans les *Archives historiques, statistiques et littéraires du département du Rhône*, recueil très précieux. (*Lyon*, 1828, *in-8.*, *t.* IX, *pag.* 114-137.)

Cette bibliographie fait partie de l'ouvrage annoncé ci-après aux Manuscrits, sous le n° XXVIII.

17. Analyse du Roman intitulé *Le Comte de Charny* ; dédié aux Bourguignons (par M. Steph. Arnoult). *Paris, Dijon*, 1829, *in-8°*. (*Voy.* le *Journal de Dijon, du mercredi 1ᵉʳ avril* 1829, n° 26, *p.* 102.)

18. Notice sur deux écrits de M. Patris de Breuil, membre

---

mes divers essais bibliographiques, qu'il a sans doute pris pour des anonymes.

Un assez long fragment de mes *Recherches sur le luxe de Cléopâtre* figure dans un charmant recueil à l'usage des dames, que je ne connais que par l'exemplaire que m'a communiqué un de mes amis (M. Amanton).

Je pourrais révéler beaucoup d'autres gentillesses de ce genre, mais je serais un ingrat si je m'en plaignais. J'ajouterai seulement que de tous mes faibles écrits, ce sont mes *Amusemens philologiques* qui ont été le plus dépecés. De tous côtés j'en ai retrouvé des lambeaux plus ou moins longs ; on a eu beau les faufiler parmi d'autres rapsodies du même genre, je les ai reconnus au premier coup d'œil, et jamais je n'ai été tenté de crier *au voleur !*

correspondant de l'Académie de Dijon, résidant à Troyes ; l'un a pour titre : *Remarques sur le 31ᵉ livre de l'Histoire de Venise*, par M. le comte Daru ; et l'autre renferme des *Réflexions sur une Préface des œuvres complètes de J. J. Rousseau, en 25 vol. in-8.; et incidemment sur la méthode employée par certains écrivains pour critiquer ce philosophe. (Voy.* le *Compte rendu des travaux de l'Académie de Dijon,* 1827, *pag.* 213-217*, et pag.* 220-222.)

Ces remarques et ces réflexions sont très intéressantes, surtout les remarques relatives à un événement qui s'est passé à Venise au mois de mai 1618, et sur lequel on n'a que des conjectures très vagues.

19. RAPPORT sur le Concours proposé par l'Académie de Dijon, pour le prix d'éloquence, en 1825; le sujet était : *Saint Bernard et Bossuet comparés dans leurs écrits, dans leurs caractères, et dans l'influence qu'ils ont exercée sur leur siècle. (Voy.* le *Compte rendu des travaux de l'Académie de Dijon,* 1827, *pag.* 223-241.)

20. NOTICE sur un ouvrage important qui a paru à Dijon, sous le titre d'*Annales du moyen âge*, par M. Frantin l'aîné, 8 *vol. in-8. (Voy.* le même vol. du *Compte rendu, pag.* 217-218.)

Dès-lors, le célèbre Heeren, professeur à Gottingue, et l'un des hommes les plus distingués de l'Allemagne, rendant compte de ce grand travail dans les *Notices savantes de Gottingue,* n° xii, de 1828, le déclare l'un des meilleurs ouvrages historiques qui aient paru dans ces derniers temps. M. Nault, procureur général en la Cour royale de Dijon, et membre de l'Académie de cette ville, avait fait précédemment un Rapport aussi savant que bien écrit sur le même ouvrage. (*Voy.* le même *Compte rendu, pag.* 242-270), et son opinion coïncide parfaitement avec celle de l'illustre professeur de Gottingue.

21. Notice sur quelques Pierres tumulaires antiques , et sur une inscription moderne , qui se trouvent dans le cimetière de Saulieu (Côte-d'Or), par G. Peignot, lue à la séance de la commission des antiquités , le 17 août 1829. (*Voy*. le *Compte rendu des travaux de l'Académie de Dijon , année 1829 , pag. 276-279.*)

L'inscription dont il est ici question se lit sur un monument funéraire qui renferme les entrailles de Maximilien-Alexandre de Béthune Sully, dernier rejeton de Maximilien de Béthune Sully, ministre et ami de Henri IV ; ce jeune Sully est décédé en passant à Saulieu , le 23 septembre 1807, âgé de vingt-trois ans.

OUVRAGES MANUSCRITS.

Quæ paravi cujus erunt ?

I. **Tableau historique** de la grandeur et de la magnificence des Romains dans leurs triomphes.

Préliminaire. — Définition et étymologie du mot *triomphe*. — Ses différentes espèces. — Conditions auxquelles on obtenait le triomphe. — Ordre et marche que l'on y suivait. — Description des trente-un triomphes les plus célèbres sous la République. — Liste chronologique très exacte de tous les triomphes qui ont eu lieu depuis Romulus jusqu'à Justinien, et qui sont au nombre de 3o8 occidentaux, 2 orientaux, 33 ovations et 42 ornemens triomphaux. — Tableau chronologique des conquêtes progressives des Romains, depuis les rois jusqu'à Auguste.

Appendice. Couronnes d'or décernées aux généraux. — De l'or acquis par les proscriptions. — Des impôts. — Des aqueducs.

Ce manuscrit formerait 1 fort *vol. in*-8.

II. **Traité historique**, littéraire et descriptif de la magnificence des Romains dans leurs théâtres.

Histoire abrégée de l'art dramatique à Rome. — Genre de pièces que l'on y jouait. — Revue des auteurs tragiques et comiques, avec le détail de leurs pièces. — Revue des acteurs, et anecdotes. — Description très exacte (sous le rapport de l'architecture) de l'ensemble et de chaque partie des théâtres les plus célèbres de Rome, tels que ceux de Scaurus, de Curion, de Pompée, de Marcellus, de Trajan, etc.; d'après les historiens, les érudits et les architectes anciens et modernes.

Ce manuscrit ferait 1 *vol. in*-8.

III. **Traité du luxe** et de la somptuosité des Romains

dans leurs repas, considéré sous le rapport historique, descriptif et archéologique.

Détails préliminaires sur tout ce qui regarde la dénomination des repas ; le *triclinium* ou salle à manger ; les ustensiles et meubles de table, les apprêts du service ; l'ordre des places ; les comestibles les plus recherchés, leur prix ; les vins les plus estimés tant de l'Italie que de la Grèce et de l'Égypte, etc. — Description de repas publics et particuliers, donnés sous la République et sous les empereurs, avec un luxe et une profusion vraiment étonnante. — Narration de différens repas, faite par les Romains eux-mêmes, et autres.

Appendice. Des repas chez les Gaulois, puis en France, depuis le cinquième siècle jusqu'au dix-septième.

Ce manuscrit formerait 2 forts *vol. in*-8.

IV. Recherches historiques sur les fortunes particulières des Romains dans le dernier siècle de la République et sous les Césars.

Montant de la fortune des principaux citoyens, tels que les Sylla, les Scaurus, les Crassus, les Lucullus, les Roscius ; Cicéron lui-même, le plus modeste de tous, car il ne possédait guère en capital que vingt-cinq millions de notre monnaie ; des Salluste, des Agrippa, des Séjan, des Sénèque, des Pallas, des Narcisse, etc. — De leurs palais à la ville. — De leurs maisons de campagne (Cicéron n'en avait que dix-neuf). — De leur ameublement, etc.

Manuscrit pouvant former 1 *vol. in*-8.

V. Traité historique élémentaire et complet des monnaies chez les Romains, avec leurs variations et le rapport de l'or à l'argent à différentes époques, depuis l'an 485 de Rome jusqu'à Constantin ; la dénomination de toutes les monnaies romaines, soit de compte, soit réelles. Le tout disposé ensuite par ordre alphabétique (pour faciliter les recherches), avec évaluation de la monnaie ancienne en numéraire actuel ; et terminé par des tableaux synoptiques présentant le rapport des monnaies romaines entre elles.

Manuscrit pouvant former 1 *vol. in*-8.

VI. Traité élémentaire des Poids et Mesures chez les Romains.

Mesures linéaires.— Itinéraires. — Gromatiques ou d'arpentage, avec une digression sur ce qu'était la rose des vents chez les anciens, et les noms que les Grecs et les Romains donnaient à chaque rumb. — Mesures de capacité pour les grains et les matières sèches ; puis pour les liquides. — Poids. Le tout rapporté aux poids et mesures modernes.

Manuscrit pouvant former 1 *vol. in-*8.

VII. Traité historique des Chiffres romains ; suivi de la série la plus complète de leurs nombres cardinaux, rendus en latin, en chiffres romains et en chiffres arabes ; de leurs nombres ordinaux ou adjectifs ; de leurs nombres adverbiaux dérivés des cardinaux, et de leurs nombres adverbiaux dérivés des ordinaux. *Broch. in-*8.

VIII. Histoire complète de la mesure du temps chez les Romains, et de leur calendrier.

Préliminaire. — 1°. Du siècle. — 2°. Du lustre. — 3°. De l'année ; celle de Romulus ; celle de Numa ; celle de Jules César (année de la confusion) ; rectification de l'année Julienne par Auguste ; réforme du Calendrier Julien par Grégoire XIII. — 4°. Du mois, calendrier romain très complet avec les nundinales, les fastes et toutes les fêtes de chaque mois ; explication de chaque fête, son origine, jour auquel elle tombait ; manière dont on la célébrait. — 5°. Des nundinales et par suite de l'origine de la semaine chez les Romains. — 6°. Des jours et de leurs nombreuses dénominations. — 7°. Des heures, de leur rapport avec nos heures actuelles.— 8°. Coup d'œil sur les occupations ordinaires d'un Romain à chaque heure de la journée. Manuscrit pouvant former 1 *vol. in-*8.

IX. Traité des noms propres chez les Romains.

Préliminaire. — Du prénom (*prænomen*). — Du nom de famille (*nomen gentis*). — Du surnom (*cognomen*). — Du second surnom (*agnomen*). — Des noms de femme. — Des noms des enfans adoptifs. — Des noms des affranchis. — Du nom des étrangers devenus

citoyens romains. — Beaucoup de détails sur l'étymologie et la composition des noms propres ; sur les dëgrés de parenté ; sur les principales familles de Rome ; sur la différence qui existait entre patri-
ciens, nobles et chevaliers ; sur le nom des trente-cinq tribus sous
le règne d'Auguste, etc., etc. Manuscrit pouvant former 1 *vol. in*-8.

X. Recherches historiques sur le Cens, ou le Lustre,
    sur l'établissement de la censure et sur les censeurs
    chez les Romains ; suivies de la liste chronologique des
    cens ou dénombremens du peuple romain, depuis l'an
    de Rome 197 sous Servius Tullius, jusqu'à l'an 826
    sous Vespasien.

Si les dénombremens s'étaient faits régulièrement tous les cinq
ans, on en devrait compter cent vingt-cinq dans cet espace de six
cent vingt-neuf ans ; mais comme il y a eu des interruptions dans
quelques circonstances critiques, et sans doute quelques omissions
de la part des historiens, nous n'avons pu recueillir que soixante-
quinze dénombremens. Notre liste est la plus complète de toutes
celles qui ont été publiées jusqu'à ce jour. A chaque dénombrement,
nous donnons la date du lustre, le nom des consuls qui étaient en
exercice, celui des censeurs qui y présidaient, celui du prince du
sénat, et le nombre de citoyens dont se composait dans ce moment
la population de Rome et de sa banlieue. Manuscrit pouvant former
1 *vol. in*-8.

XI. Recherches généalogiques sur la famille complète
    des six premiers Césars, commençant au 4 juillet de
    l'an 654 de Rome, époque de la naissance de Jules
    César, et finissant le 11 juin 821, jour où Néron, der-
    nier membre de cette famille, se donne la mort.

Première partie : histoire purement généalogique de la famille ;
la plupart des individus y figurent forcément plusieurs fois à raison
des différens mariages entre parens.

Seconde partie : série chronologique de tous les faits concernant
l'état civil des membres de cette famille, pendant les cent soixante-
huit ans de sa durée.

Troisième partie : grand tableau généalogique, où l'on voit toutes les branches de la famille sortir de la tige, d'abord par adoption, et ensuite se diviser, soit par nature, soit par alliance, en une infinité de rameaux. Manuscrit pouvant former 1 *vol. in*-8.

XII. Bibliothéque choisie des Classiques latins, considérés sous le rapport historique, analytique, philologique et bibliographique; précédée de l'histoire de la langue latine.

Le plan de cet ouvrage a été publié en 1813, *voyez* ci-devant, le nᵒ xv des Imprimés, p. 6.

Précis historique de la langue latine. Préliminaire : position géographique des peuples italiques antérieurs à Romulus. Leurs langues contribuent à la formation de la langue latine. Les principales sont : 1ᵒ. la celtique, 2ᵒ. la grecque, 3ᵒ. l'étrusque, 4ᵒ. l'osque, 5ᵒ. l'opique, 6ᵒ. la samnite, 7ᵒ. la langue du Latium. Monumens de ces différentes langues. Depuis Romulus, la langue du Latium prévaut ; origine de la langue latine, sa formation, ses accroissemens, ses progrès et sa maturité, prouvés par des monumens de chaque siècle, depuis Numa jusqu'à Térence.

Classiques latins au nombre de trente-sept : vie de chaque auteur ; liste complète de ses ouvrages ; analyse de ces mêmes ouvrages ; jugement que les meilleurs critiques en ont porté ; notice bibliographique des principales éditions du texte ; catalogue raisonné de toutes les traductions françaises.

Ce manuscrit formerait 6 *vol. in*-8. au moins. J'avais aussi entrepris un travail sur les auteurs latins dont il ne nous reste que des fragmens, avec l'indication des ouvrages où se trouvent ces fragmens. Cette entreprise n'a pas été continuée.

XIII. Recueil historique, chronologique et analytique de tout ce qui a été publié sur la découverte des manuscrits d'Herculanum, et particulièrement sur les différens procédés que l'on a employés pour opérer leur déroulement, avec la liste des ouvrages ou fragmens d'ouvrages que l'on est parvenu à recouvrer par suite de ces procédés.

Manuscrit pouvant former 1 petit *vol. in*-8.

XIV. Photii myriobiblon, ou Bibliothéque de Photius analysée en français, article par article, avec des notices historiques, littéraires et bibliographiques sur les auteurs et les ouvrages qui y sont mentionnés; précédée d'un précis historique de la vie de Photius, de ses ouvrages, des différentes éditions que l'on en a données; et des observations sur l'importance trop peu connue de sa bibliothéque.

Ce travail, qui n'est point encore terminé, pourrait former 2 *vol. in*-8.

XV. Myriobiblon français, ou Bibliothéque analytique universelle, présentant plus de trois mille, soit indications, soit notices raisonnées d'ouvrages choisis, de Mémoires, de dissertations, de traités sur toutes sortes de matières, publiés soit séparément, soit dans les grandes collections littéraires et académiques; chaque analyse est accompagnée du renvoi au tome et aux pages de l'ouvrage où chaque matière a été traitée spécialement. Le tout disposé par ordre alphabétique, et de manière à épargner des recherches longues et pénibles à tout homme de lettres et à tout amateur de livres; avec cette épigraphe : *Alius alio plus invenire potest, nemo omnia.* Ausone.

Ce recueil, dont chaque jour je sens toute l'utilité, est le résumé de mes lectures (la plume à la main) depuis quarante-cinq ans au moins; il pourrait former 12 à 15 *vol. in*-8. Il s'augmente tous les jours.

XVI. Essai de bibliographie glossographique, ou Notice raisonnée des ouvrages les plus utiles et les plus curieux, publiés sur les langues, soit en général, soit en particulier, et considérés sous le rapport historique, grammatical et lexicographique ; précédé d'un discours sur l'origine et la diversité des langues , et sur leur généalogie présentée en différens tableaux ; le tout d'après les travaux des Mesiger, Scaliger, Chamberlayne, Leibnitz, Court de Gebelin, de Brosses, Pinkerton , Latour-d'Auvergne , Lebrigant, Hervas , Pallas et J. Kiewitch, Volney, Vater, Adelung, Klaproth , Balbi , etc. , etc.

Manuscrit pouvant former 2 *vol. in*-8.

XVII. Monumens de la Langue française , depuis son origine vers le neuvième siècle jusqu'au dix-septième (surtout en prose), recueillis de règne en règne , avec date certaine à des époques assez rapprochées les unes des autres , et copiés aussi exactement qu'il a été possible , ouvrage présentant , sous le mode le plus simple, le plus pittoresque et le plus sûr, les progrès successifs de la langue française, depuis son berceau jusqu'à sa maturité.

Manuscrit pouvant former 1 fort *vol. in*-8. Je me propose de publier ce travail dans le cours de cette année , 1830.

XVIII. Tableau chronologique de l'Histoire évangélique et apostolique , comprenant, dans un ordre très suivi, tous les événemens et les monumens relatifs à la fondation et à l'établissement du christianisme , pendant la durée du premier siècle de l'ère vulgaire , c'est-à-dire les actions de la vie de Jésus-Christ très détaillées, avec des notes sur la législation, les mœurs et les usages du temps, applicables à certaines actions du Sauveur ; la vie, les actes, les voyages, les prédications des apôtres, avec l'analyse de leurs épîtres , de leurs écrits, et le premier Concile de Jérusalem , etc.; la fondation des églises de Jérusalem , d'Antioche, de

Rome, d'Éphèse, etc. ; l'origine des hérésies ; quelques détails sur les quatre premiers pontifes qui ont occupé le siége de Rome ; enfin, l'histoire et le sort de Jérusalem depuis la naissance de Marie jusqu'à la mort de saint Jean l'évangéliste, qui ferme le siècle.

Manuscrit pouvant former 3 *vol. in*-8.

XIX. Dissertation historique sur une correspondance entre saint Paul et Sénèque (connue des anciens, oubliée maintenant), traduite en français pour la première fois, le texte en regard ; avec des notes et le résumé de toutes les opinions des savans depuis saint Jérôme jusqu'à nos jours, pour ou contre l'authenticité de cette correspondance.

Manuscrit pouvant former 1 petit *vol. in*-8.

XX. Les dates de l'Histoire de France, tableau chronologique très détaillé, présentant siècle par siècle, et règne par règne, la date précise de tous les événemens remarquables, de tous les établissemens, de toutes les découvertes, enfin, de tout ce qui tient à l'état de la société, concernant les hommes, les choses et les faits, à chaque époque ; avec une ample table des matières, qui indique à l'instant la date désirée.

Manuscrit pouvant former 1 fort *vol. in*-8. Cet ouvrage a beaucoup de rapport avec notre *Histoire de France,* annoncée ci-devant aux Imprimés sous les n^{os} xvii et xviii, mais il est beaucoup plus ample quant aux événemens, et rangé dans un meilleur ordre.

XXI. Abrégé chronologique de l'Histoire religieuse, littéraire et politique de l'institut des Jésuites, fondé en avril 1538, approuvé par Bulle de Paul III du 27 septembre 1540, supprimé par Bulle de Benoît XIV du 21 juillet 1773, et rétabli par Bulle de Pie VII du

7 août 1814. Ouvrage où tous les événemens, toutes les pièces, toutes les anecdotes avérées sont rapportés à leur ordre de date avec la plus scrupuleuse et la plus impartiale exactitude.

Manuscrit pouvant former 3 *vol. in*-8., qui ne paraîtront jamais, parce qu'écrits *sine irâ et studio*, et contenant simplement les faits dégagés de tout esprit de partialité et d'animosité, ils déplairaient également aux amis et aux ennemis passionnés de cette société. D'ailleurs je ne me suis occupé de ce travail que pour ma propre instruction; j'ai voulu connaître à fond ce corps d'une constitution extraordinaire et qui a pu dire dans tous les temps, comme Beaumarchais (sans comparaison) : MA VIE EST UN COMBAT.

XXII. BIBLIOGRAPHIE SPÉCIALE, relative à l'inquisition, renfermant l'histoire et l'analyse de tous les livres qui ont paru sur ce redoutable tribunal, depuis le *directorium* de Nic. Eymerick, en 1503, jusqu'à ce jour.

Manuscrit pouvant former 1 *vol. in*-8. Je me plais quelquefois à traiter des sujets épineux ; mais je tâche de le faire avec cet esprit de modération, de justice et d'impartialité qui ne puisse prêter aucun aliment aux passions. On en verrait la preuve dans la manière dont est rédigée cette bibliographie, si je la publiais; et cependant je crois n'avoir rien omis, ni affaibli dans ce recueil si propre à piquer la curiosité. L'analyse de chaque ouvrage est aussi exacte qu'il m'a été possible.

XXIII. NOTICE SPÉCIALE, HISTORIQUE, LITTÉRAIRE ET BIBLIOGRAPHIQUE DES HOMMES CÉLÈBRES, anciens et modernes, soit dans les lettres, soit hors des lettres, qui ont laissé des Mémoires autographes sur leur propre vie.

Manuscrit pouvant former 1 *vol. in*-8.

XXIV. RECHERCHES HISTORIQUES, CHRONOLOGIQUES ET BIBLIOGRAPHIQUES sur tout ce qui concerne Jeanne d'Arc, avec la description et des extraits d'un manuscrit du quinzième siècle qui renferme des détails sur son procès, son supplice et sa réhabilitation; de plus, une notice raisonnée de tous les ouvrages dont elle a été l'objet et de tous les monumens élevés en son honneur.

XXV. Notice analytique de tout ce qui a été écrit sur le Masque de fer.

Manuscrit pouvant former 1 petit *vol. in*-8.

XXVI. Bibliographie analytique et raisonnée des principaux ouvrages singuliers, facétieux, qui, depuis le seizième siècle, ont paru pour ou contre les Femmes.

Manuscrit pouvant former 1 petit *vol. in*-8.

XXVII. Recherches historiques et chronologiques sur la petite ville d'Arc en Barrois ; témoignage d'attachement et de reconnaissance de la part d'un ami des lettres qui y a reçu le jour.

XXVIII. Histoire de la fête du nouvel An et des Étrennes, chez les peuples anciens et modernes.

Manuscrit pouvant former 1 *vol. in*-8. La bibliographie relative à cet objet, et qui devait terminer ce travail, a été publiée en décembre 1828, dans les *Archives historiques, statistiques et littéraires du département du Rhône. t.* ix, *pag.* 114-157. Nous en avons parlé ci-devant, p. 24.

XXIX. Recherches historiques, judiciaires et même littéraires, sur les fonctions relatives à l'exécution des jugemens criminels, chez toutes les nations, depuis la plus haute antiquité jusqu'à nos jours ; ouvrage rempli d'anecdotes singulières ; suivies d'une dissertation sur l'ancienneté de l'instrument de supplice en usage en France depuis le 25 avril 1792, avec les preuves qu'il était connu et usité depuis près de quatre cents ans en Allemagne, en Écosse et en Espagne.

Manuscrit pouvant former 1 fort *vol. in*-8.

XXX. Notices et extraits de quelques ouvrages remar-

quables par leur singularité, leur rareté ou leur bizarrerie ; suivis d'une bibliographie analytique de tout ce
qui a été publié sur la magie, la sorcellerie, et les pro-
cédures auxquelles elles ont donné lieu.

Manuscrit pouvant former 1 *vol. in*-8.

XXXI. NOUVEAUX AMUSEMENS PHILOLOGIQUES, renfermant
des variétés en tous genres.

Manuscrit pouvant former 2 *vol. in*-8., qui n'ont rien de commun
avec les deux éditions qui ont paru sous le même titre. (*Voy.* ci-dessus aux IMPRIMÉS, nᵒˢ VI et XXXII, pag. 3 et 13.)

XXXII. BIBLIOTHÉQUE CURIEUSE, entièrement composée
d'ouvrages tirés à petit nombre avec des détails analy-
tiques, littéraires, descriptifs et beaucoup d'anecdotes
sur ces sortes de raretés.

Cet ouvrage de bibliographie spéciale, quoique troisième édition
(*Voy.* ci-devant, p. 5, nᵒ XII), peut être considéré comme un ouvrage absolument neuf par les corrections sévères et les additions importantes qu'il renferme ; il paraîtra dans le cours de cette année,
en 1 vol. de 4 à 500 pages.

XXXIII. PETIT MANUEL ELZÉVIRIEN à l'usage des Amateurs, ou Catalogue exact et raisonné des Elzévirs de
choix, avec tous les prix auxquels ils ont été portés
dans les principales ventes depuis soixante ans, et avec
l'indication de l'état et condition de chaque exemplaire
passant à ces ventes ; précédé d'une notice de tous les ouvrages ou parties d'ouvrages où l'on a parlé des Elzévirs.

Nous nous proposons de faire imprimer ce catalogue dans le for-
mat et dans le genre des éditions Elzéviriennes. Heureux si nous
pouvons contribuer à fixer enfin le choix des amateurs et les empê-
cher de s'égarer dans ce dédale de petites éditions bâtardes, vrais
bouquins, qui, sans nom, sous le couvert de Hollande, et avec une
fausse apparence d'Elzévirs, viennent usurper sur nos tablettes la
place de ces charmantes éditions.

XXXIV. Histoire littéraire des ouvrages a clef, c'est-
à-dire des ouvrages satiriques , moraux, politiques, etc. ,
dans lesquels les noms des lieux , des personnages, sont
déguisés , et les événemens cachés sous le voile de l'al-
légorie; avec la clef de chaque ouvrage rapportée en
entier, expliquée et accompagnée de notes historiques
ou littéraires selon la nature du sujet.

Manuscrit pouvant former 2 *vol. in*-8. Ce sujet était délicat à
traiter ; aussi nous avons mis tous nos soins à le présenter de manière
à ne choquer ni les personnes, ni les convenances, sans cependant
lui rien faire perdre de ce qu'il a de piquant et de curieux. Le
premier ouvrage dont nous donnons la clef, est la *satire* de Pé-
trone (il est question de l'*Énéide* dans notre discours préliminaire) ;
et le dernier est un livre qui vient de paraître à Paris (1829.).

XXXV. Chrysopée littéraire, ou Notice historique et
chronologique des prix auxquels, depuis le dix-septième
siècle jusqu'à ce jour, un grand nombre d'auteurs ont
cédé leurs manuscrits à des libraires.

Cet opuscule offre de singuliers rapprochemens sur l'estimation
des manuscrits et sur le prix que les auteurs en ont exigé ou retiré
dans les différens siècles depuis la découverte de l'imprimerie. Les
articles Milton et lord Byron ; Friedling et Walter Scott ; Corneille,
Racine, Boileau et MM. tel, tel , tel ; ces articles, dis-je, sont assez
curieux, et font voir la différence des temps , des personnes et de la
disposition des esprits portés à l'engouement pour certains auteurs
dont la réputation pâlit bientôt et ne tarde pas à disparaître , Saint-
Evremont, par exemple ; et combien d'autres citera-t-on dans moins
d'un siècle !

XXXVI. Histoire littéraire des Dédicaces , avec une
notice raisonnée de toutes les critiques qu'on en a faites,
et un recueil choisi de celles qui sont les plus singulières
et les plus remarquables, soit par le style, soit par la
bassesse , soit par la malignité, soit enfin par la bizar-

rerie, depuis 1511 jusqu'à nos jours ; suivie d'une notice sur quelques placets du même genre.

Manuscrit pouvant former 1 *vol. in*-8. Cet ouvrage est assez curieux. Parmi plusieurs dédicaces dont j'ai donné le texte dans ce livre, il y en a de singulières. Me permettra-t-on d'en rapporter ici une du xvie siècle, quoiqu'elle ne soit pas la plus remarquable ; elle donnerait à penser que le romantique ne date pas en France du dix-neuvième.

En 1512, Anne de Bretagne, veuve de Charles VIII et femme de Louis XII, fit une grave maladie, qui donna de vives inquiétudes à son époux et au peuple, dont elle était fort aimée. Jean Marot fit des vers sur sa convalescence ; il les adressa à la Reine avec une dédicace en prose, que nous donnons d'autant plus volontiers qu'elle ne se trouve pas dans les œuvres de ce poète. N'altérons ni le style ni l'orthographe de cette pièce d'éloquence.

« A très haulte et très excellente princesse de Bretaigne, Royne
« de France.

« Après, ma très honnorée Dame, que les tempestueux orages et
« nubileux tourbillons de vostre très ennuyeuse maladie, qui total-
« lement troublée avoyent la tranquilité de mon rustique et très
« fragile esperit, ont esté déchassez par la clarté et illumination de
« convallescence très désirée ; et que l'entendement agité par les
« flotz et vagues de perturbation, a finablement trouvé port salutaire
« de consolation opportune, et s'est en luy-mesme recueilly (après
« toute diuturne tempeste) en la station de joyeux repos, ainsi que
« les fleurs décidues et ternissantes par intempérance pluviale se
« ressourdent et recouvrent la pristine dignité de leur dyapleure
« dyaphanée aux nouveaulx rays de Phébus : Plaise vous scavoir que
« je Jehan Desmarestz alias Marot, de tous facteurs le moindre dis-
« ciple et loingtain imitateur des meilleurs réthoriciens, vostre très
« humble et très obéissant et très adonné subject, serviteur et
« esclave, vous voulant monstrer et faire tesmoingnage de l'affec-
« tueux vouloir et intencion très désireuse que j'ay de continuer le
« propos obstiné et non jamais variable de tousjours faire et exploic-
« ter quelque petite euvre à la récréation et délectation de votre
« bieneurée noblesse, ay mis et employé la force et totale vigueur de
« ma très rude et imbécille capacité à construire, édiffier et com-
« poser ung euvre de la ressource et quasi nouvelle instauration de

« vostre santé : Euvre certes petit quant à la structure et fabrique
« composition, mais quant au subject, de telle magnitude et excel-
« lence que ung aultre Virgille ou Homère, poètes de immortelle
« renommée, travailleroient beaucoup à l'exécution suffisante d'icelle.
« Car, de coucher par escript deuement et selon l'exigence con-
« digne, les lamentations de l'église, regretz de noblesse, pleurs et
« complaintes du populaire, avecques l'affection des prians, la pal-
« leur des craignans, le cry des gémissans, les impétueux sanglouts
« des souspirans, et généralement toute manière de désolation que
« je ose affermer par les devant dictz troys estats avoir esté usurpée
« durant l'éclipse dessus mencionnée, appartient plus à sublimité
« héroïque, ou resonnance tragédiale, que au petit et humble stile
« de bas maternel langage. Ce néantmoins, princesse très inclyte,
« j'ay mis la voile au vent, et me suis adventuré de prendre har-
« diesse à parfournir et parachever mon entreprinse laborieuse ;
« deux raisons principales à ce me mouvant : la première, pour ce
« que comme celluy à qui le cas touchoit, ay faict si bon guet et
« diligente exploration sur le mistère, en assistant présentialement
« au spectacle en corps et en esperit, ainsi que comprins est en ce
« mien petit euvre que plus orneement le descrire pevent plusieurs,
« plus véritablement, nul. L'aultre, que par cy-devant j'ay expéri-
« menté vostre très humaine bénignité estre de profundité si im-
« mense que les petitz labeurs partans de ma rude capacité, ont
« trouvé grâce devant vos yeulx, ont esté honnorez de la conversa-
« tion de vos aultres livres, ont esté plus par heur que par mérite,
« leus en vostre très noble présence. Plaise vous donc, très haulte,
« très excellente et très magnanime Dame, recueillir et prendre en
« gré ce mien humble petit présent, et en icelluy veoir la forme et
« manière de vostre convallescence attribuable, selon mon juge-
« ment, en la seule main salutifère du Créateur, auquel je prie vous
« donner grace de persévérer en prosperité. »

Cette dédicace n'est pas la plus singulière de mon recueil, mais
elle donne une idée du style qui régnait à la cour de Louis XII.

XXXVII. Recherches sur la condition et la reliure des
     Livres chez les anciens dans le moyen âge, et sur les
     révolutions que la reliure a éprouvées, depuis le sei-
     zième siècle jusqu'à ce jour.

Manuscrit pouvant former 1 petit *vol. in-8*.

XXXVIII. Dissertation sur les Auteurs du *Virgilevirai en Borguignon*, c'est-à-dire du *Virgile tourné* en patois bourguignon (l'Énéide seulement); avec le second livre ainsi traduit, et accompagné d'une contre-traduction française en forme de notes; suivie de recherches sur toutes les traductions de l'Énéide en vers burlesques, et terminée par une bibliographie renfermant l'indication de tous les ouvrages en patois bourguignon, soit imprimés, soit manuscrits, que l'on a pu découvrir.

J'ai fait part de ce travail manuscrit à l'Académie des Sciences, etc., de Dijon. (*Voy.* ci-devant aux Imprimés, p. 21.)

XXXIX. Essai bibliographique sur toutes les éditions des Noëls bourguignons, par Bernard de La Monnoye; précédé de nouvelles recherches sur la vie et les écrits de l'auteur, disposées par ordre de dates pour tous les événemens qui le concernent depuis le 15 juin 1641, jour de sa naissance, jusqu'au 15 octobre 1728, jour de sa mort.

Ce travail a été terminé en 1818.

XL. Bibliographie pogonologique, ou Histoire, description et analyse de tous les Livres qui ont été publiés sur la barbe, depuis le traité de J. Pierius Valerianus (Jean-Pierre Bolzani), en 1531, jusqu'à ce jour; avec les mêmes détails sur les ouvrages relatifs aux cheveux, à la calvitie et aux perruques.

Cet ouvrage assez facétieux, est plus intéressant que son titre ne semble l'annoncer, parce qu'il tient aux mœurs de chaque siècle, et rapporte les querelles opiniâtres qui ont eu lieu relativement à la barbe en différens temps.

XLI. Bibliographie amusante, ou Notice raisonnée des

ouvrages dont les titres sont singuliers, originaux, plaisans, facétieux, satiriques, ridicules.

C'est surtout dans les seizième et dix-septième siècles que les livres, et surtout les livres de dévotion, se faisaient remarquer par leurs titres bizarres; je n'en citerai ici que deux exemples :
« La Tabatière spirituelle pour faire éternuer les âmes dévotes « vers le Sauveur. — La Seringue spirituelle pour les âmes consti- « pées en dévotion. » Ces ouvrages étaient écrits d'un style qui répondait parfaitement au titre, et qui annonce bien l'indélicatesse, disons mieux, la grossièreté du siècle où ils ont paru. Par exemple, voici comment l'auteur de la *Seringue spirituelle* apostrophe, p. 180, les dames qui mettaient du fard : « Vilaines carcasses, cloaques « d'infection, bourbiers d'immondices, n'avez-vous pas honte de « vous tourner et retourner dans la chaudière de l'amour illicite, « et d'y rougir comme les écrevisses lorsqu'elles cuisent, pour vous « faire des adorateurs? Au reste il est juste que des visages qui ne « savent plus rougir de pudeur, rougissent au moins par artifice. « Mais puisque vous avez voulu imiter la rougeur des écrevisses, « comme elles vous irez à reculons dans la voie du ciel. »

XLII. Bibliographie spéciale et raisonnée de tous les ouvrages publiés sous le titre d'Ana.

C'est une seconde édition, corrigée et beaucoup plus ample que la première. (*Voy*. aux ouvrages Imprimés, l'article n° xii.)

XLIII. Prédicatoriana, ou Recherches et choix d'anecdotes sur les prédicateurs, particulièrement sur ceux des quinzième et seizième siècles, avec des extraits piquans de leurs sermons originaux, singuliers, naïfs, etc., et l'indication des meilleures éditions des principaux sermonnaires.

Manuscrit pouvant former 1 fort *vol. in-8*. On trouve dans ce recueil des fragmens de sermons de saint Bernard et d'autres prédicateurs, dans le langage du temps, c'est-à-dire du treizième siècle.

XLIV. Tonitruana, ou Recueil d'anecdotes sur les effets

les plus singuliers de la foudre, depuis les temps les plus anciens jusqu'à nos jours, précédé d'une notice analytique de ce que les plus célèbres physiciens ont publié sur la nature et les effets de la foudre; avec l'histoire de la découverte des paratonnerres.

Manuscrit pouvant former 1 fort *vol. in*-8. C'est une seconde édition; la première est à la suite de l'ouvrage annoncé ci-devant aux Imprimés, sous le n° xxviii. Mais cette édition-ci est beaucoup plus ample que la première, qui ne commençait qu'à l'année 1676. Les anecdotes qu'elle renferme remontent jusqu'au temps des rois de Rome, et suivent de siècle en siècle jusqu'au moment actuel. On sait que rien n'est plus extraordinaire que certains effets de la foudre. J'ai tâché de réunir tous les faits les plus curieux et de les détailler de manière à en rendre la lecture intéressante, et même plus intéressante que celle de beaucoup de romans à prodiges.

XLV. Bibliographie encomiastique, ou Notice raisonnée de tous les éloges singuliers, facétieux, publiés, soit collectivement, soit séparément, sur des sujets frivoles, ridicules, amusans : le tout disposé par ordre alphabétique du nom de l'objet de chaque éloge.

Manuscrit pouvant former 1 petit *vol. in*-8.

XLVI. Notice chronologique raisonnée des différens voyages exécutés autour du monde, et des découvertes faites jusqu'à ce jour, surtout dans la mer du Sud, avec l'indication bibliographique de toutes les relations qui ont été publiées à ce sujet.

Manuscrit pouvant former 1 *vol. in*-8.

XLVII. Recherches sur le Diamant; — lieux où on le trouve; — sa nature; — sa taille; — histoire et description des plus beaux diamans; — anecdotes à ce sujet; — estimation du diamant; — manière de distinguer les diamans vrais des diamans faux; — Notice bibliographique des ouvrages relatifs aux diamans, avec un Appendice sur les pierres précieuses les plus recherchées.

Manuscrit pouvant former 1 petit *vol. in*-8.

XLVIII. Notices historiques et détails sur les mœurs, usages, modes, costumes, lois somptuaires et vie privée des Français sous les différens règnes ; avec la description de beaucoup de meubles curieux et objets de grand prix qui ont appartenu à des rois, reines, princes, grands hommes, etc. Le tout terminé par un tableau sur deux colonnes, présentant le rapprochement de divers événemens qui, passés à de grands intervalles les uns des autres, offrent cependant sous la même date du jour et du mois, une coïncidence de faits vraiment extraordinaire.

Manuscrit pouvant former 1 fort *vol. in*-8.

XLIX. Recherches bibliographiques sur les auteurs anciens et modernes qui ont consacré leurs veilles à l'apologue.

Manuscrit pouvant former 1 *vol. in*-8.

L. Dissertation sur les théâtres d'éducation, suivie d'une notice bibliographique de tout ce qui a paru dans ce genre, depuis le dix-septième siècle jusqu'au dix-neuvième, tant en latin qu'en français.

Manuscrit pouvant former 1 *vol. in*-8.

LI. Plusieurs rapports faits à l'Académie des Sciences, Arts et Belles-Lettres de Dijon, sur différens ouvrages qui lui ont été adressés. Parmi ces rapports, il en est quelques uns qui peuvent être indiqués ici, comme of-

rant des détails assez étendus, et comme n'ayant point
été imprimés.

1. Rapport sur l'ouvrage de M. l'abbé Scoppa intitulé *Des beautés poétiques de toutes les Langues,
considérées sous le rapport de l'accent et du rhythme;*
lu à l'Académie de Dijon, dans sa séance du 16 avril 1817.

2. Rapport sur l'ouvrage de M. Poitevin-Peitavi
ayant pour titre : *Mémoire pour servir à l'Histoire des
Jeux floraux;* lu à la même séance du 16 avril 1817.

3. Rapport sur un ouvrage manuscrit de M. Foisset :
*Essai sur la Tragédie italienne, et particulièrement
sur les tragédies d'Alfieri;* lu le.... juin 1820.

4. Rapport sur deux ouvrages de M. Alexandre Le-
noir : l'un intitulé *Notice historique relative aux sé-
pultures d'Héloïse et d'Abailard, seconde restauration
dans le Musée des Monumens français, d'une chapelle
sépulcrale du douzième siècle, où reposent les illustres
corps de l'abbesse du Paraclet et de l'abbé de Saint-
Gildas;* l'autre ayant pour titre : *Notice historique sur
l'ancienne peinture sur verre.* La date de ce rapport
n'est pas portée sur mon manuscrit.

5. Rapports sur un ouvrage intitulé *Histoire du
Dauphiné,* par M. Ch.... Mon....; lus en mars 1828,
et en janvier 1830.

Je pourrais encore mentionner beaucoup d'autres
travaux littéraires que j'ai abandonnés par suite de
l'immensité de matériaux qui se présentaient après
des premières recherches assez étendues : de ce

nombre sont, une *Bibliographie lexicographique,* ou Notices des ouvrages qui ont paru sur toutes sortes de sujets, sous le titre et sous la forme de *Dictionnaire, lexique,* etc.; une *Notice chronologique* de toutes les Universités, Académies, Instituts, et Sociétés savantes de l'Europe, établis, supprimés, renouvelés ou continués, depuis le quinzième siècle; une *Bibliographie numismatique et monétaire,* ou Notice raisonnée des ouvrages relatifs aux médailles et aux monnaies des peuples anciens et modernes, une *Bibliographie archéologique;* une *Revue et Classification,* par ordre de matières, de tous les décrets, ordonnances, arrêtés et circulaires, relatifs à l'instruction publique, depuis l'établissement de l'Université; etc., etc.

Mais il est temps de terminer ces listes déjà trop longues, que je ne me suis enfin décidé à mettre sous presse que pour répondre à la bienveillance de mes amis; heureux si, par là, j'obtiens quelques droits à leur indulgence.

TABLE

DES PRINCIPAUX OUVRAGES COMPOSANT CETTE NOTICE,
DISPOSÉS DANS UN ORDRE MÉTHODIQUE.

Nota. Les ouvrages que renferme la présente Notice ont été classés par ordre chronologique de publication pour les imprimés, et de composition pour les manuscrits. On a pensé qu'une table où ils seraient rangés dans un ordre à peu près méthodique compléterait convenablement ce petit travail; nous disons à peu près méthodique, car ce n'est pas avec des articles aussi disparates, parfois aussi minutieux et aussi peu nombreux dans certains genres, que l'on peut espérer d'atteindre à une classification bien exacte.

RELIGION.

JURISPRUDENCE.

SCIENCES ET ARTS.

BELLES-LETTRES.

MÉLANGES, PHILOLOGIE, CRITIQUE.

HISTOIRE.

ANTIQUITÉS, DIPLOMATIQUE, MOEURS, etc.

BIOGRAPHIE.

TABLE

DES DIVISIONS.

www.ingramcontent.com/pod-product-compliance
Ingram Content Group UK Ltd.
Pitfield, Milton Keynes, MK11 3LW, UK
UKHW021122140726
13695UKWH00004B/1648